Micheline Chaoul

Mes Logigrammes

I.

Deuxième édition revue et corrigée

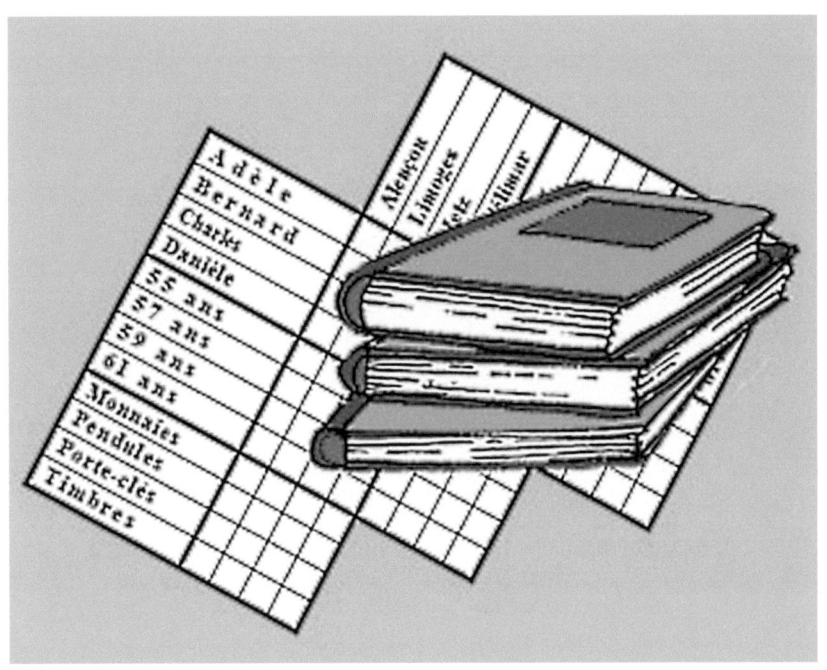

2ème édition 2020 Micheline Chaoul
Edition: BoD – Books on Demand
12/14 rond-point des Champs Elysées, 75008 Paris
Imprimé par Books on Demand GmbH, Norderstedt, Allemagne
Dépôt légal : Décembre 2015
ISBN : 9782322044146

Les Règles du Jeu

Le logigramme est un jeu ayant pour but de remplir une grille à l'aide d'indices donnés. Les indices sont à reporter dans les cases de la grille, X pour « Oui », N pour « Non ». Vous pouvez aussi griser les cases « non » et inscrire un « O » (pour « oui ») dans les cases indiquant la solution.
Une fois toutes les cases remplies, il n'y a plus qu'à compléter la grille des solutions.

Un exemple :
1. Léon n'a pas 35 ans → NON en E3.
2. Celui qui habite Strasbourg n'a pas 30 ans → NON en C4
3. Jean a 40 ans et il n'habite ni Lyon ni Strasbourg → OUI en F2 et NON en A2 et C2.

			Ville			AGE		
			Lyon	Nantes	Strasbourg	30 ans	35 ans	40 ans
			A	**B**	**C**	**D**	**E**	**F**
NOM	Hubert	**1**		*N*		*N*	*OUI*	*N*
	Jean	**2**	**N**	*OUI*	**N**	*N*	*N*	**OUI**
	Léon	**3**	*OUI*	*N*	*N*	*OUI*	**N**	*N*
AGE	30 ans	**4**	*OUI*	*N*	**N**			
	35 ans	**5**	*N*	*N*				
	40 ans	**6**	*N*	*OUI*	*N*			

Complétons le tableau : Jean habite donc Nantes → *OUI* en B2 et *NON* en B1 et B3, il a 40 ans → *NON* en D2, E2, F1 et F3.
Donc Hubert a 35 ans → *OUI* en E1.
Donc Léon a 30 ans → *OUI* en D3.
Reportons les indices :
Jean a 40 ans et il habite Nantes → *OUI* en B6.
Donc l'homme de 30 ans, c'est-à-dire Léon, habite Lyon → *OUI* en A4 et *OUI* en A3.
Il n'y a plus qu'à remplir le reste : OUI en C5 et OUI en C1.

NOM	VILLE	AGE
Hubert	Strasbourg	35 ans
Jean	Nantes	40 ans
Léon	Lyon	30 ans

1 - Pique-Nique

Trois couples et leur fille sont partis en pique-nique. Quel le prénom de chaque personne et la denrée qu'ils ont apportée ?

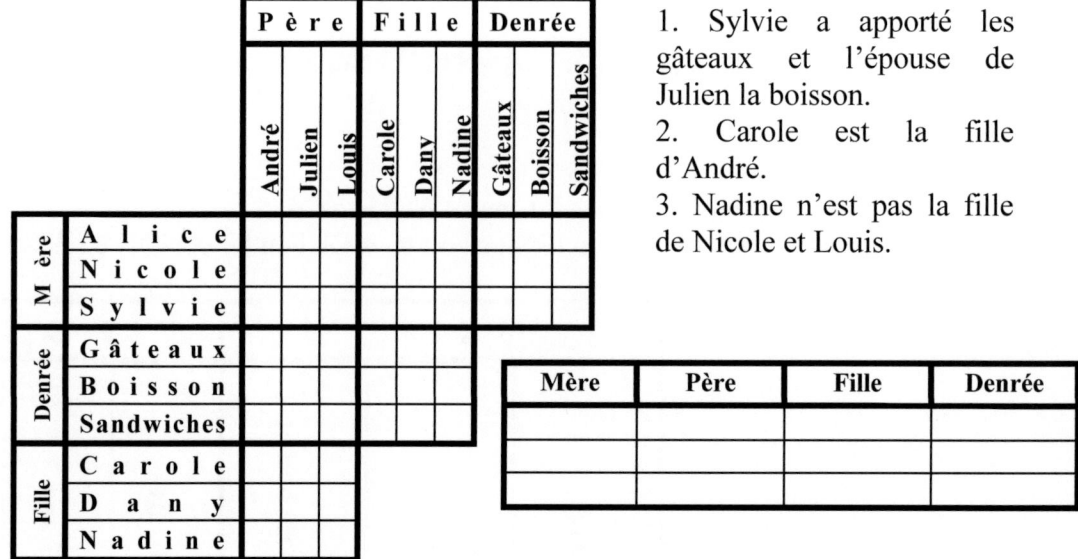

1. Sylvie a apporté les gâteaux et l'épouse de Julien la boisson.
2. Carole est la fille d'André.
3. Nadine n'est pas la fille de Nicole et Louis.

Mère	Père	Fille	Denrée

2 - Bonnes Affaires

Un cadeau de dernière minute ? Ces trois hommes sont allés dans un bazar. Qu'ont-ils déniché, dans quel magasin, et à quel prix ?

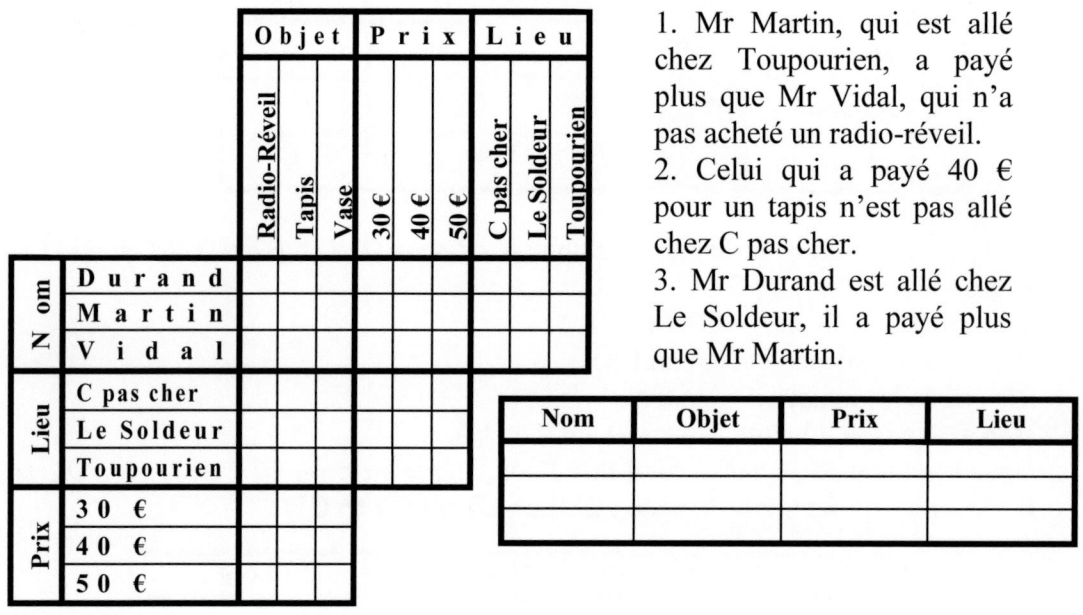

1. Mr Martin, qui est allé chez Toupourien, a payé plus que Mr Vidal, qui n'a pas acheté un radio-réveil.
2. Celui qui a payé 40 € pour un tapis n'est pas allé chez C pas cher.
3. Mr Durand est allé chez Le Soldeur, il a payé plus que Mr Martin.

Nom	Objet	Prix	Lieu

3 - Foire aux Polars

Quatre amateurs de romans policiers ont trouvé leur bonheur dans une foire aux livres. Qui est l'auteur du livre acheté, dans quelle ville la personne s'est-elle rendue, et combien a-t-elle payé ?

1. Elisa, qui n'est pas allée à Clichy, a payé plus cher que Charlotte mais moins qu'André, qui préfère Simenon.
2. Le roman de Conan Doyle a été acheté à Fécamp ; ce n'est pas par Georges, qui a payé 6 €.
3. A Fécamp, on a payé moins qu'à Orléans mais pas 5 €.
4. L'ouvrage d'Agatha Christie valait plus de 5 €.
5. Georges n'est pas allé à Clichy.

Acheteur	Auteur	Ville	Prix
André	Georges Simenon	Orléans	8 €
Charlotte	Dashiell Hammett	Clichy	5 €
Elisa	Conan Doyle	Fécamp	7 €
Georges	Agatha Christie	Sens	6 €

4 - La famille Bach

Le grand compositeur Jean-Sébastien Bach (1685-1750) eut 7 enfants de sa première épouse Maria-Barbara, 4 seulement vécurent, et 13 de sa seconde épouse Anna Magdalena, 6 seulement vécurent.

A l'époque, on n'imprimait pas la musique aussi facilement qu'aujourd'hui et il fallait souvent recopier les partitions. Quatre de ses enfants mirent la main à la plume pour quatre œuvres. Qui recopia quelle œuvre, combien de pages comportait-elle, et quelle était la couleur du carton qui la contenait ?

1. Dans le carton gris, Elisabeth Juliana rangea un nombre impair de pages.
2. La cantate ne faisait pas 12 pages. Elle a été recopiée par Wilhelm Friedemann, qui n'a pas rangé son travail dans un carton blanc. Il n'a pas copié 14 pages.
3. La pièce pour orgue fut rangée dans un carton jaune.
4. Le concerto pour clavecin comptait 11 pages.
5. Karl Philip Emmanuel n'a pas recopié une suite pour orchestre, œuvre qui comptait plus de pages que la sienne.

Prénom	Couleur du carton	Nombre de pages	Type de morceau

5 - Les squares de la rue de Seine

Quatre étudiants des Beaux-arts sont sortis faire des croquis de statues situées dans les jardins voisins de la rue de Seine. Deux sont allés au square Gabriel Pierné, deux devant le square Honoré Champion. Qui a choisi quel modèle, combien de temps a-t-il (elle) mis et quel a été le type de crayon utilisé (H est un crayon dur, HB est moyen, B gras, 2B très gras).

1. Le croquis de la fontaine du square Pierné a demandé plus de temps que celui fait avec le crayon HB.

2. Annie, qui a mis 15 minutes, n'a pas choisi le buste de Montesquieu du square Champion. Ce dernier n'a pas non plus été choisi par Bernard.

3. Le croquis de la statue de Carolina du square Pierné a été fait en 20 minutes.

4. Le croquis du Voltaire du square Champion a été fait au crayon B.

5. Le croquis fait au crayon 2B, qui n'est pas la fontaine, a été fait en 25 minutes, mais pas par Odile qui a mis plus de temps que Bernard.

Artiste	Crayon	Sujet	Temps passé

6 - Photographier au musée

Depuis 2012, il est autorisé de photographier dans la plupart des musées français, sous certaines conditions (sans flash ni trépied). Quatre touristes ont visité quatre grands musées parisiens et en ont ramené une collection de photos. Qui a visité quel musée, quel est l'âge de la personne, combien chacune a-t-elle fait de photos ?

1. Pedro a pris 20 photos.
2. Annie a 30 ans et n'est pas allée au Louvre.
3. La personne de 26 ans a visité le Musée Rodin et a pris plus de 10 photos.
4. Hans n'est pas allé au Musée Rodin ni a celui d'Orsay, où n'est pas allée non plus la personne de 41 ans.
5. Carolyn est plus âgée que la personne qui a pris 40 photos.
6. On a pris plus de photos à Orsay qu'à Marmottan, mais moins qu'au Louvre.

Touriste	Nombre de photos	Musée	Âge
Annie	30	Musée d'Orsay	30 ans
Carolyn	10	Musée Marmottan	41 ans
Hans	40	Musée du Louvre	35 ans
Pedro	20	Musée Rodin	26 ans

7 - Tous en retard !

Le directeur d'une entreprise est sur les dents : il y a une grosse commande à terminer aujourd'hui, et voilà que quatre employés sont en retard ! Il les convoque et leur rappelle l'importance de l'enjeu, mais chacun a une excuse ... valable ... ?
De combien de temps la personne est-elle en retard, dans quel service travaille-t-elle et quel raison donne-t-elle à son retard ?

1. La personne chargée des ventes n'a eu que 5 minutes de retard.
2. Daniel est à la réception.
3. La personne qui prétexta un retard d'autobus n'est pas celle de la comptabilité ni celle des ventes.
4. Eva arriva avec 20 minutes de retard.

5. Bernadette dit que son réveil n'avait pas sonné. Elle ne travaille pas au service des ventes et n'a pas eu 15 minutes de retard.
7. La personne de l'informatique dit que sa voiture n'avait pas démarré.

Prénom	Service	Prétexte	Retard

8 - Réclamations !

La responsable du service des réclamations d'un grand magasin parisien a eu fort à faire ce jour-là : quatre clientes lui ont rapporté un vêtement présentant des défauts manifestes … Qui a acheté quel vêtement, combien l'a-t-elle payé, et quel était le défaut justifiant la réclamation ?

1. Le pull a coûté 100 €.
2. Evelyne a acheté un vêtement qui a déteint au premier lavage. Ce n'était pas le chemisier.
3. Martine a trouvé qu'elle avait jeté 90€ par la fenêtre. Ce n'était pas pour un pantalon.
4. Amandine avait eu un coup de cœur pour une jupe, mais elle a découvert un défaut qui n'était pas une erreur de taille, ni un ourlet décousu.
5. On a payé 80 € pour un vêtement dont l'ourlet était décousu.

Cliente	Vêtement	Défaut	Prix
Amandine	Jupe	Fermeture éclair qui ne tient pas	110 €
Evelyne	Pull-Over	Couleur qui a déteint	100 €
Jacqueline	Pantalon	Ourlet décousu	80 €
Martine	Chemisier	Pas la bonne taille	90 €

9 - Prenons le bus

Quatre hommes prennent l'autobus pour se rendre à un événement. Certains l'attendent, d'autres non, et un le rate. Qui a attendu ou non, combien de temps, qui l'a raté, où se rendaient-ils et pour quel événement ?

1. L'enterrement avait lieu à Saint-Sulpice. Celui qui s'y rendait, qui n'était pas Charles, n'a pas attendu 20 minutes.
2. Charles n'allait pas à un mariage et ne se rendait pas Place Clichy.
3. Celui qui se rendait à un anniversaire n'allait pas Place Gambetta et a attendu moins que Marco.
4. Sven, qui se rendait à la pendaison de crémaillère d'un ami, a attendu 20 minutes.
5. André a raté son autobus, il est arrivé 5 minutes trop tard. Il n'allait pas à Saint Sulpice.
6. Le mariage ne se déroulait pas Place Clichy.

Personne	Destination	Evénement	Attente ou non ?
André	Place Gambetta	Mariage	Passé depuis 5 minutes
Charles	Place de la Trinité	Anniversaire	Arrivé tout juste
Marco	Place Saint-Sulpice	Enterrement	Attente de 10 minutes
Sven	Place de Clichy	Pendaison de crémaillère	Attente de 20 minutes

10 - Enquêtes policières

Le lieutenant de police Legros vient d'être promu capitaine. C'est bien le moins ! Il a permis d'arrêter quatre malfrats dans le même mois ! Comment étaient surnommés ces gangsters, quels délits ont-ils commis, à quelle date ont-ils été pris et où a eu lieu l'arrestation ?

1. Titin le Marseillais fut arrêté pour trafic de drogue, mais pas Rue des Abbesses.
2. Le cambrioleur fut arrêté Boulevard Malesherbes.
3. L'escroc fut arrêté le 26. Ce n'était pas Riton le charmeur.
4. Il y eut une arrestation Place Balard, le 10 du mois.
5. Mimile le Génois fut arrêté le 1er du mois, mais pas Rue des Abbesses.
6. L'auteur du vol à la tire fut arrêté avant celui qui le fut Avenue d'Italie.

Lieu de l'arrestation	Surnom du Coupable	Méfait commis	Date

11 - La guerre des Gaules

Le centurion Caius Napaplus, 12ème légion, 7ème cohorte, 2ème manipule, a fort à faire : les barbares attaquent à Autricum (Chartres), Juliomagus (Angers), Mediolanum (Evreux) et Vindinum (Le Mans) ! Heureusement, il dispose d'un réseau d'espions qui parviennent à prévenir les autres centuries pour lui porter secours. Où eurent lieu les batailles, contre quel chef barbare, quel espion utilisa-t-il, quel centurion arriva en renfort ?

1. L'espion Ariaric permit de vaincre Astulf, mais ce ne fut pas Cosinus qui arriva en renfort.
2. Autoradios remplit son office d'espion à Juliomagus. Il n'appela pas Cumulus.
3. Grâce à Laïus, Euric fut vaincu, mais pas à Mediolanum.
4. Théodulf fut vaincu à Autricum.
5. Clodoald fut vaincu grâce à l'espion Multirix, mais pas à Mediolanum.
6. Airbus n'aida à vaincre ni Astulf ni Clodoald.

Ville	Espion	Centurion venu en renfort	Chef ennemi
Autricum (Chartres)	Smalah	Airbus	Théodulf
Juliomagus (Angers)	Autoradios	Laïus	Euric
Mediolanum (Evreux)	Ariaric	Cumulus	Astulf
Vindinum (Le Mans)	Multirix	Cosinus	Clodoald

12 - Les animaux du 17ème arrondissement

Quatre enfants demeurant dans le 17ème arrondissement de Paris possèdent un animal. Quel âge ont ces enfants, de quel animal s'agit-il, où habitent-ils ?

1. Alain habite Place Pereire. Il est plus âgé que Douchka, qui n'a pas de chat et n'habite pas avenue de Wagram.

2. L'enfant qui habite Boulevard des Batignolles a un hamster et est plus âgé que Geneviève.

3. L'enfant qui possède un chat est plus âgé que celui qui habite rue de Saussure. Ce dernier n'a pas de chien.

4. Douchka est plus jeune que l'enfant qui a un lapin.

Prénom	Adresse	Animal	Age

13 - Collections de disques

Quatre amis férus de musique possèdent chacun une collection de disques vinyles d'enregistrements historiques. Quel genre de musique préfère chacun d'eux, combien a-t-il de disques et quelle est sa profession ?

1. Il y a plus de 180 disques de chanson française, mais moins que de jazz.
2. Il n'y a pas 200 disques d'opéra.
3. La personne qui préfère l'opéra n'est pas professeur de mathématiques.
4. Le (la) professeur de mathématiques a moins de disques que Cristina, qui est développeur Web, mais plus que le (la) chimiste.
5. Luis a plus de disques que la personne qui aime la chanson française.
6. Ridha, qui préfère la musique classique, n'a pas les 200 disques de l'ingénieur du son.

Prénom	Genre musical	Nombre de disques	Profession

14 - Vacances ratées

La famille Padbol croyait bien passer de bonnes vacances au mois d'août, en un lieu où chacun pouvait pratiquer son sport favori. Las ! Tant Monsieur et Madame Padbol que leurs enfants Catherine et Hervé, chacun a eu un accident. Qui pratiquait quel sport, quel jour chacun a-t-il eu un accident et où s'est-il blessé ?

1. C'est Madame Padbol qui fut la première à avoir un accident. Son mari s'est foulé la cheville. Aucun des deux ne pratiquait l'alpinisme.

2. La personne qui s'est démis l'épaule a eu son accident avant celui survenu en jouant au tennis.

3. Le 12, quelqu'un a glissé sur le rebord de la piscine.

4. Quelqu'un s'est blessé à la jambe le 17. Ce n'était pas Catherine.

5. Un des Padbol s'est cassé une côte en tombant de cheval.

Membre de la famille	Date	Blessure	Sport

15 - Quatuor félin

A l'issue de l'exposition féline ont été récompensés les quatre vainqueurs du concours de beauté : Darius, Pussy, Ratafia et Zébulon. Qui sont leurs heureuses maîtresses, de quelle race est le chat primé, et quel âge a-t-il ?

1. Le chat de Cécile est plus âgé que le chartreux, mais plus jeune que Ratafia.
2. Zébulon est plus vieux que l'abyssin et plus jeune que le balinais.
3. Le chat de Colette ne s'appelle pas Pussy et n'est pas siamois.

4. Corinne a un chartreux, plus âgé que Darius.
5. Pussy n'est pas un siamois et n'appartient pas à Corinne.

Propriétaire	Chat	Âge	Race

16 - Les équipages de Versailles

Nicolas Le Picard est valet aux écuries du Roi Louis le quatorzième à Versailles. Au mois de mai, il a eu à préparer plusieurs équipages pour des déplacements du Roy et d'autres personnages importants. Qui étaient ces personnages, où allaient-ils, quel jour et qu'allaient-ils faire ?

1. Nicolas a préparé l'équipage du Duc de Saint-Simon avant que le Roy n'aille rendre visite à une dame et après le départ pour Saint-Germain.

2. On est allé chasser après le déplacement à Paris et avant que l'on n'aille à Marly.

3. Monsieur Frère du Roy s'est rendu à Paris, mais pas pour rencontrer un diplomate étranger, et pas le 6 mai.

4. On s'est rendu à Saint Cyr le 10 mai.

	Chasse	Diplomate étranger	Théâtre	Visite à une Dame	Marly	Paris	Saint Cyr	Saint Germain	4 mai.	6 mai	8 mai	10 mai
Sa Majesté Louis XIV												
Monsieur frère du Roy												
Duc de Saint Simon												
Prince de Condé												
4 mai												
6 mai												
8 mai												
10 mai												
Marly												
Paris												
Saint Cyr												
Saint Germain												

Personnage	Objet du déplacement	Date	Lieu

17 - Le dîner des poètes romantiques

Huit grands auteurs de l'époque romantique ont dîné en tête-à-tête dans un grand restaurant parisien. Qui a rencontré qui, dans quel restaurant et quel vin ont-ils choisi ? *(Si vous les imitez, consommez avec modération, mais lisez leurs œuvres ... sans aucune modération !)*

1. Musset a dîné avec George Sand, mais pas *Chez Véry*.
2. Ni Hugo ni Vigny ne sont allés au *Rocher de Cancale*.
3. Au *Veau qui Tette*, on a bu un Nuits Saint Georges. Il n'y avait pas Nerval.
4. Nerval n'a pas rencontré Lamartine et n'est pas allé au *Rocher de Cancale* où l'on n'a pas bu un Château-Margaux.
5. Aux *Frères Provençaux*, on n'a pas vu Dumas, et on n'a pas bu le Volnay qu'a apprécié Lamartine.
6. Mérimée a choisi un Chateau Margaux, mais pas *Chez Véry* où n'est pas allé non plus Victor Hugo.

Auteur 1	Auteur 2	Vin	Auberge

18 - L'amateur d'art

Nous sommes en 1875, sous la 3ème république. Le baron Achille de V… est un amateur d'art éclairé, qui a acquis plusieurs tableaux de peintres renommés. Par qui fut peint chaque tableau, quel en est le sujet, à qui Achille l'a-t-il acheté et en quelle année ?

1. Achille a acquis une scène de bataille de Meissonier plus tard que le tableau de Vernet. Ce dernier ne fut pas acheté à un marchand.

2. C'est à un ami qu'Achille acheta le tableau de Delacroix, plus tôt que celui acheté lors d'un Salon mais plus tard que le paysage. Celui-ci fut acheté au peintre lui-même.

3. Un marchand a vendu un tableau à Achille en 1862. Ce n'était pas un Puvis de Chavannes.

4. Le portrait fut acheté lors d'un Salon.

	Ami	Marchand	Peintre	Salon	1860	1862	1865	1868	Scène de bataille	Scène mythologique	Paysage	Portrait
Eugène Delacroix												
Ernest Meissonier												
Horace Vernet												
Pierre Puvis de Chavannes												
Scène de bataille												
Scène mythologique												
Paysage												
Portrait												
1860												
1862												
1865												
1868												

Peintre	Vendeur	Année	Sujet

19 - Sacré Charlemagne !

Contrairement à ce qui est dit dans la chanson, Charlemagne n'a pas inventé l'école ! Mais il a œuvré à son développement, incitant les religieux à enseigner et à organiser des écoles, ouvertes à tous.

Quatre étudiants du 8ème siècle ont travaillé sur des manuscrits. Qui a recopié quel ouvrage, en quelle année, et où a-t-il travaillé ?

1. Le travail d'Adelphe a été exécuté plus tard que l'herbier, mais avant l'ouvrage de Reims.

2. L'Evangile a été copié à Aix-La-Chapelle, mais pas en 789.

3. Béranger a copié un traité de philosophie, plus tard que l'ouvrage de Soissons.

4. L'herbier fut copié en 783, mais pas par Clovis.

5. L'ouvrage copié à Abbeville le fut avant celui de Soissons.

Nom	Contenu	Ville	Année

20 – Arbres généalogiques

Quatre personnes ont dressé leur arbre généalogique et ont pu remonter jusqu'au 16ème siècle. Quel est le nom de l'ancêtre de chaque personne, en quelle année est-il né et quelle était sa profession ?

1. Conrad, fermier, est né 6 ans avant Adrien, l'ancêtre de Christian.
2. L'ancêtre de Brigitte, qui n'était pas magistrat, est né 6 ans avant celui d'Antoine et 6 ans après le marchand.
3. Benoit, le magistrat, est né 12 ans avant l'ancêtre d'Antoine.

	Adrien	Benoit	Conrad	Dietrich	Fermier	Magistrat	Marchand	Maréchal-Ferrand	1581	1587	1593	1599
Antoine												
Brigitte												
Christian												
Danièle												
1581												
1587												
1593												
1599												
Fermier												
Magistrat												
Marchand												
Maréchal-Ferrand												

Prénom	Ancêtre	Profession de l'ancêtre	Date de naissance
Antoine	Conrad	Fermier	1593
Brigitte	Dietrich	Marchand	1587
Christian	Adrien	Maréchal-Ferrand	1599
Danièle	Benoit	Magistrat	1581

21 - L'Affaire Caïus

Il s'agit d'un livre pour la jeunesse publié en 1953 par Henry Winterfeld, écrivain américain d'origine allemande, qui relate une enquête policière menée par des écoliers au temps de la Rome antique.

Cinq écoliers romains doivent copier sur leur tablette de cire une phrase d'un auteur grec. De qui sont ces phrases, combien de lignes comportent-elles et combien chaque écolier a-t-il fait de fautes ?

1. Caïus a fait une faute de plus que Mauritius et une de moins que celui qui a copié une phrase d'Hérodote.
2. La phrase de Thucydide comprend 2 lignes de plus et a causé 2 fautes de moins que celle qu'a copiée Flavius.
3. Celui qui a fait un sans-faute a copié une ligne de plus que la phrase d'Homère et une de moins que Publius, qui a copié une phrase de Xénophon.
4. La phrase de 7 lignes comprenait plus d'une faute.
5. Caius n'a pas copié une phrase d'Homère.

	Hérodote	Homère	Thucydide	Xénophon	0 fautes	1 faute	2 fautes	3 fautes	4 lignes	5 lignes	6 lignes	7 lignes
Caïus												
Flavius												
Mauritius												
Publius												
4 lignes												
5 lignes												
6 lignes												
7 lignes												
0 fautes												
1 faute												
2 fautes												
3 fautes												

Ecolier	Auteur	Nombre de fautes	Nombre de lignes

22 - Trajet en Sarthe

Quatre personnes travaillent à Sablé-sur-Sarthe et habitent dans des villages aux alentours. Combien de kilomètres font-elles et dans quel domaine travaillent-elles ?

1. Annie habite à Souvigné, son trajet est plus long que celui de Jane et plus court que celui de la libraire.

2. L'employée de banque a plus de distance à parcourir que celle qui vient de Juigné mais moins qu'Olga.

3. L'employée de mairie n'est pas Jane et n'a pas le plus long trajet.

4. La libraire habite à Pincé, ce n'est pas Bernadette qui est pharmacienne et n'habite pas à Courtillers.

Personne	Village	Entreprise	Distance

23 - Chiens Savants

Quatre personnes possèdent des chiens qui ont tous une habitude particulière faisant l'admiration de leurs maîtres et de l'entourage de ceux-ci. Qui possède quel chien, de quelle race est-il et quelle action sait-il exécuter ?

1. Le labrador, qui appartient à une femme, attend toujours le feu rouge pour traverser la rue.
2. Bob appartient à un homme. Il n'est pas un braque.
3. Le chien d'Annie, qui ne s'appelle pas Patou, ouvre les portes. Ce n'est pas un épagneul breton.
4. Rocky n'est pas un labrador, il n'apporte pas les pantoufles et n'ouvre pas les portes.
5. Le chien de Karim est un épagneul breton.
6. Le berger allemand appuie sur les sonnettes.

Maître	Nom du chien	Action	Race

24 - Sportifs en chambre

Quatre quadragénaires sont fans de sport, mais pour regarder les matches à la télévision ! En fait, ils pratiquent des hobbies beaucoup plus sédentaires ... Déterminez le sport de prédilection de chacun, leurs âges et l'activité pratiquée par chacun.

1. Maurice pratique tout de même un sport : la pétanque. Il est plus âgé que Jules et plus jeune que l'amateur de basket.

2. Louis est amateur de rugby. Il ne pratique pas les mots croisés.

3. Le fan de football n'exerce que ses doigts sur sa console de jeux vidéo. Il a 2 ans de moins que Louis.

Prénom	Sport apprécié	Activité pratiquée	Âge

25 - Les petits hommes verts … ou bleus ?

Nous sommes en l'an 3000 … et quelques ! Quatre habitants de différentes planètes se rencontrent au bar d'une station spatiale. Quelle est la planète d'origine de chaque personnage, à quelle distance se trouve-t-elle (en années-lumière : AL !) et de quelle couleur est-il ?

1. Xynia est rouge, il a fait plus de distance que Zorg et moins que celui qui vient de Dardarus.

2. Le personnage jaune a fait 1 AL de plus que Wuzi et 1 AL de moins que le personnage bleu.

3. L'habitant d'Alelahaut a fait 1 AL de plus que Zorg qui ne vient pas de Bonairus.

Solution :

Nom	Planète	Distance	Couleur
Voxan	Alelahaut	5 années-lumière	Bleu
Wuzi	Bonairus	3 années-lumière	Vert
Xynia	Dardarus	6 années-lumière	Rouge
Zorg	Chouravi	4 années-lumière	Jaune

26 - Lectures pour jeunes filles …

Madame Zénaïde Fleuriot (1829-1890) est un écrivain français, auteur d'un grand nombre de romans destinés à la jeunesse de l'époque. La jeune Emilie adore ses livres et s'en est vu offrir plusieurs juste après leurs parutions. Qui lui a offert quel livre, à quelle date et à quelle occasion ?

1. Emilie a reçu « La Petite Duchesse » l'année de sa parution, en 1876, pour Noël. Ce n'était pas un cadeau de son père.

2. Emilie a lu pour la première fois Madame Fleuriot lorsqu'elle a reçu un de ses livres en prix pour ses bonnes notes à l'école. Ce n'était pas « Bigarette ».

3. Emilie a aidé une amie de sa mère à organiser une kermesse, et, en remerciement, celle-ci lui a offert un livre de son auteur favori.

4. Le père d'Emilie lui a offert « Le Petit Chef de Famille ».

5. Emilie fête son anniversaire en Octobre.

Titre	Donateur(trice)	Date	Occasion

27 - La cravache d'or

Christian est un jockey talentueux qui, aujourd'hui, a réussi à se placer dans les quatre courses auxquelles il a participé. Quelle place a-t-il obtenue dans chaque course, avec quel cheval, et quelle est la robe de celui-ci ? *(Un cheval alezan est un cheval à la robe et aux crins fauves, un bai est de robe fauve à crinière et queue noires).*

1. Tornado est noir (souvenons-nous que c'est le nom du cheval de Zorro !) et n'a pas couru la 7ème course. Il a eu une moins bonne place que Flèche d'Or qui a couru la 3ème.

2. Le cheval bai a couru plus tard que Major de Maupray et plus tôt que le cheval arrivé 4ème.

3. Le cheval gris a été mieux placé que l'alezan qui n'est pas King of the Seas et moins bien que celui de la 3ème course.

	1er	2ème	3ème	4ème	1ère course	3ème course	4ème course	7ème course	Alezan	Bai	Gris	Noir
Flèche d'Or												
King of the Seas												
Major de Maupray												
Tornado												
Alezan												
Bai												
Gris												
Noir												
1ère course												
3ème course												
4ème course												
7ème course												

Cheval	Place	Course	Robe

28 - Les prétextes des bridgeurs …

Le bridge se joue à deux … c'est bien là le problème ! Lorsque les choses ne se passent pas bien, chacun des partenaires cherche à donner une raison au mauvais résultat obtenu. Ce tournoi pour paires mixtes n'a pas fait exception à la règle … Découvrez les noms des partenaires, leurs résultats et la moyenne obtenue.

1. Evelyne, qui ne jouait pas avec Charles, a avoué très honnêtement qu'elle n'avait pas vu la Dame de Pique. Elle a tout de même eu la moyenne.

2. Daniel a longuement reproché une erreur d'enchère à sa partenaire, qui n'était pas Françoise.

3. Geneviève et Bernard ont eu la moyenne.

4. Françoise, qui n'a cessé de se plaindre que le monsieur de la table voisine parlait trop fort, n'a eu que 42%.

5. Le fait pour l'un des partenaires d'avoir oublié ses lunettes n'a pas empêché la paire d'avoir la meilleure note.

Joueur	Joueuse	Prétexte	Pourcentage

29 - Tableau d'affichage

Les employés de l'hôpital viennent d'avoir un tableau d'affichage pour leurs annonces personnelles. Le tableau fut posé le 1er du mois et les annonces ne tardèrent pas à y être épinglées. Qui a mis quelle annonce, à quelle date, et quelle est sa profession ?

1. Une personne dont la voisine propose de garder des chiens a mis une annonce 2 jours après celle de Bernadette.
2. Une infirmière a mis une annonce le 2 du mois.
3. Françoise a mis sa voiture en vente.
4. Irène est laborantine.
5. La secrétaire a mis une annonce le 1er du mois. Ce n'est pas Bernadette, qui vendait son ancien ordinateur.
6. Danièle a mis une annonce le 3.
7. Celle qui cherche un professeur de mathématiques pour son fils a mis une annonce après celle de Liliane mais avant celle de l'aide-soignante.

Date	Annonce	Auteur	Profession

30 - Sonates pour piano et violon

Christophe est un violoniste virtuose que sa carrière conduit dans toute l'Europe. Cette année, il a donné 5 concerts en duo avec 5 pianistes différents. De quel compositeur étaient les œuvres jouées, qui était le (la) pianiste et où le concert a-t-il eu lieu ?

1. Christophe a joué à Paris en Janvier. En avril, il a joué avec Marcello.
2. En mars, il n'a pas joué avec Arnold ni des œuvres de Brahms.
3. Il a joué du Schumann au mois de mai, mais pas avec Arnold ni Bernhard.
4. Avec Hilda, il a joué du Mozart.
5. Le concert avec Bernhard à Milan ne fut pas consacré à Schubert.
6. Christophe a joué du Beethoven à Berlin.
7. Sonia n'est pas allée à Vienne.

Mois	Compositeur	Partenaire	Ville

31 - L'âge du capitaine …

Christophe, notre violoniste, continue sa brillante carrière dans toute l'Europe. Il a eu à prendre souvent l'avion ces derniers mois. Quand a-t-il voyagé, quelle était sa destination, à quelle compagnie l'avion appartenait-il, et quel est … non pas l'âge, mais le nom du capitaine ?

1. Le voyage à Rome eut lieu juste après le vol de la British Airways pour Amsterdam et juste avant celui de l'avion piloté par Hans.
2. On emprunta un avion d'Alitalia deux mois avant celui de la Lufthansa.
3. On prit un avion de la Ryanair en juillet et on est parti pour Francfort en août. William n'a pas piloté l'avion de Rome.
4. François a piloté l'avion pour Lisbonne, mais pas en octobre.
5. Michaël n'a pas piloté l'avion pour Dublin ni celui pris en juillet.

Mois	Destination	Compagnie	Pilote

32 - Audition d'élèves

Christophe, notre violoniste virtuose, est aussi professeur. Ce soir a lieu l'audition des élèves de sa classe, avec ceux de son collègue professeur de piano. Quel violoniste a joué avec quel pianiste, de qui étaient les œuvres jouées, et quel était l'intitulé du mouvement (adagio est le plus lent, presto le plus rapide) ?

1. Brigitte n'a pas joué avec Catherine et pas du Beethoven ni du Mozart. Elle a joué un Andante.
2. Nadine a joué du Mozart mais ni son morceau ni celui de Beethoven n'étaient des « Allegro ».
3. Danièle a joué du Weber, mais ni son morceau ni celui de Beethoven n'étaient des Allegretto ni des Presto.
4. Eugène a joué avec Mireille, mais pas un Allegretto.
5. Catherine n'a pas joué du Bach ni du Beethoven.
6. William n'a pas joué avec Robert.
7. Ni André ni Mireille n'ont joué du Bach, dont le morceau n'était ni Andante ni Presto.

33 - La dictée diabolique

Une chaîne nationale de télévision reprend le principe du concours de dictée de Bernard Pivot, mais le concours comprend plusieurs épreuves dont la finale est la dictée, qui fut diabolique ! Découvrez les noms des finalistes et leurs places respectives, leurs villes d'origine ainsi que le nombre de fautes commises dans cette épreuve.

1. La personne qui a fait 5 fautes ne vient pas de Besançon, ne se nomme pas Jacques et n'est pas arrivée 5ème.
2. Charlotte a gagné la compétition, elle a fait 3 fautes à la dictée et ne vient pas de Caen.
3. La personne arrivée 4ème vient de Paris et n'a pas fait 6 fautes.
4. Henri n'est pas arrivé 2è et ne vient pas de Caen ni de Lille.
5. La personne arrivée 3ème a fait 4 fautes. Ce n'est pas Evelyne, qui vient d'Albi et a fait 2 fautes de plus qu'Henri.
6. La personne de Paris a fait moins de fautes que celle de Caen.

Place	Ville	Fautes	Noms
1er	Lille	3 fautes	Charlotte
2ème	Caen	5 fautes	Agnès
3ème	Besançon	4 fautes	Henri
4ème	Paris	2 fautes	Jacques
5ème	Albi	6 fautes	Evelyne

34 - Reconversion

Cinq hommes ont subi un licenciement économique après plus de 20 ans dans une entreprise. Ils ont décidé de se reconvertir dans un autre domaine en adoptant le statut d'auto-entrepreneur. Quel était leur précédent emploi, combien de temps l'ont-ils occupé et quel nouveau domaine d'activité ont-ils choisi ?

1. Celui qui est devenu jardinier a travaillé 2 ans de moins que celui qui est devenu professeur indépendant, mais 2 ans de plus que Philippe.

2. Olivier a travaillé 22 ans, mais pas comme commercial, et il est devenu Informaticien.

3. Robert a travaillé comme professeur plus longtemps que Nathan. Ni Nathan ni Olivier n'ont été employés de banque.

4. Celui qui est devenu éditeur a été comptable pendant 4 ans de plus que Michel.

Profession d'origine	Nouvelle profession	Nom	Années de service

35 - Les Papes

Connaissez-vous les papes qui se sont succédé sur le trône de Saint Pierre au Vatican ?
Cherchez donc leur année d'élection, et leurs noms et prénoms respectifs …

1. Benoît XV s'appelait Della Chiesa Mais son prénom n'était pas Giovanni.
2. L'un des papes s'appelait Achille Ratti.
3. Clément XI ne fut pas celui élu en 1878 qui s'appelait Pecci.
4. Pie XI fut élu en 1922.
5. Le pape élu en 1700 se prénommait Giovanni mais son nom n'était pas Roncalli.
6. Jean XXIII se prénommait Angelo, mais son nom n'était pas Pecci.
7. Le pape élu en 1914 n'était ni Jean XXIII ni celui prénommé Vincenzo.

Pape	Nom de famille	Prénom	Année d'élection

36 - Choix de projets

Une ville a décidé de consacrer un budget important à la construction d'un bâtiment municipal. Pour cela, elle a fait un appel d'offres. Mais les premiers projets présentés furent rejetés. Quel bâtiment proposait-on, pour quelle raison le projet fut-il rejeté, et qui le présenta, pour le compte de quelle société ?

1. Karim présenta un projet de théâtre, mais pas pour Baticrea, dont le projet fut jugé trop laid.
2. Le projet présenté par Josette fut rejeté car trop cher. Ce n'était pas le projet de gymnase proposé par Nos Murs.
3. Ni Bernard ni Danièle ne travaillent pour Archi Associés. Ni ces deux personnes ni cette société, ni Karim n'ont présenté un projet rejeté car n'étant pas aux normes.
4. La piscine ne fut pas proposée par Designer's ni par André ou Danièle.
5. Le projet d'école fut rejeté car faisant double emploi. Il ne fut pas présenté par Danièle ni par Designer's.

Bâtiment	Personne	Société	Raison

37 - Fouilles archéologiques

Cinq archéologues ont fait d'intéressantes découvertes. Quel objet ont-ils rapporté, de quel pays venait-il et quelle en est l'époque ?

1. Ni l'amphore ni l'objet découvert par Mireille ne datent de 400 avant J.C.
2. La tablette de pierre portant des inscriptions datait de 200 avant J.C. Elle ne fut pas découverte par Julie.
3. Ni l'objet d'Assyrie ni celui de Nubie ne datent de 800 avant J.C.
4. Christine n'est allée ni en Assyrie, ni en Crète, ni en Nubie.
5. Julie n'est pas allée à Babylone.
6. La clepsydre est plus récente que l'objet de Nubie mais plus ancienne que celui l'Assyrie.
7. Terence a rapporté une roue.
8. L'objet d'Egypte fut daté de 1000 avant J.C.
9. Ni Mireille ni l'archéologue qui a rapporté l'amphore ne sont allés en Assyrie ou en Nubie.
10. La lampe venait de Crète.

Archéologue	Pays	Date	Objet
Christine	Babylone	400 avant J.C.	Clepsydre
Julie	Egypte	1000 avant J.C.	Amphore
Louis	Assyrie	200 avant J.C.	Tablette de pierre
Mireille	Crète	800 avant J.C.	Lampe
Terence	Nubie	600 avant J.C.	Roue

38 - Les stars du poker

Cinq personnes sont arrivées en finale d'un important tournoi de poker. A quelle place ont-ils fini, combien de fiches ont-ils gagné durant la dernière partie, et avec quelle combinaison ont-ils gagné leur dernier coup ?

N.B. : Paire = 2 cartes de la même hauteur ; brelan = 3 cartes de la même hauteur ; couleur = 5 cartes de la même couleur ; full = un brelan + une paire ; carré = 4 cartes de la même hauteur.

1. La personne arrivée 5ème a gagné un coup avec 2 paires. Ce n'était pas Charlotte, et aucun des deux n'a gagné 10 fiches.
2. Bernard a gagné 25 fiches. Il n'a gagné ni avec 2 paires ni avec un full et n'a pas fini troisième.
3. Le joueur qui a gagné avec un brelan a gagné 20 fiches. Il n'a terminé ni 1er ni 3ème.
4. La personne qui a gagné 30 fiches a terminé à la 2ème place.
5. Guy n'a pas terminé 3ème.
6. Charlotte a gagné avec une couleur.
7. Hélène n'a pas gagné 10 fiches.

Personne	Classement	Nombre de fiches	Combinaison gagnante

39 - Les amours des rats de bibliothèques

Cinq couples évoquent leur première rencontre : ils ont tous en commun de s'être connus dans une bibliothèque parisienne. Qui a rencontré qui, en quelle année et dans quelle bibliothèque ?

1. Nicole a rencontré son mari, qui n'est pas Hubert, en 1974, mais pas à l'Arsenal ni à la BNF.
2. Xavier a rencontré sa future femme en1971, pas à l'Arsenal.
3. Coïncidence, Geneviève était à la bibliothèque Sainte Geneviève quand elle a rencontré l'amour de sa vie.
4. Julien a fait la rencontre de sa vie à la BNF, mais pas en 1972.
5. Louis et Christine ne se sont pas rencontrés en 1970. Le couple qui s'est formé cette année-là le fut à la bibliothèque de l'Opéra.
6. Françoise n'a pas rencontré son futur mari en 1973.

Mari	Epouse	Bibliothèque	Année

40 - Quel film choisir ?

Certains soirs, il n'y a rien, mais vraiment rien à voir à la télévision. D'autres soir, on n'arrive pas à choisir entre les différentes chaînes. Ce soir est un de ceux-là. Quelle chaîne diffuse quel film, de quel genre est-il, et qui en est la vedette ?

1. « Le Soir tombe » est une comédie.
2. Le film historique sur la 2ème chaîne n'est pas interprété par Paul Trone ni Marie Goloth.
3. Le film policier dans lequel joue Lucie Ferre n'est ni « Attendre encore » ni « L'heure de la vérité », qui est diffusé sur la 4ème chaîne.
4. Tony Truand a joué dans le film diffusé sur la 3ème chaîne.
5. « C'est l'orage », dans lequel joue Paul Trone n'est ni une romance ni le film diffusé sur la 1ère chaîne.

Chaîne	Titre du film	Genre	Acteur principal

41 - Fonctionnaires

Cinq employés de ministères ont bénéficié d'une promotion, mais ils devaient changer de ministère pour avoir un poste correspondant. De quel ministère venaient-ils, où ont-ils été mutés et quel est leur poste actuel ?

1. Claude et Jean-Paul furent mutés l'un à l'Agriculture l'autre aux Finances.
2. Louis est devenu attaché d'administration, mais pas à l'Intérieur.
3. Bernard est entré au ministère du Travail.
4. Celui employé au Logement est passé de technicien de surface à responsable d'entretien, mais pas au Travail.
5. Celui qui est devenu standardiste a été muté à l'Agriculture.
6. Un fonctionnaire est passé de l'Ecologie aux Finances.
7. Celui qui a quitté l'Education Nationale n'est pas devenu attaché d'administration.
8. Jean-Paul était à la Justice.
9. Claude est devenu chef de bureau.

Prénom	Ancien ministère	Nouveau ministère	Poste obtenu

42 - Ils viennent de Chine …

Cinq étudiants en botanique ont fait des études sur les origines de divers arbres fruitiers, originaires de Chine et qui ont été implantés en France à différentes époques. Quel étudiant a étudié quel arbre, où ont-ils effectué l'essentiel de leurs recherches, et quand l'arbre a-t-il été introduit en France ?

1. L'oranger fut connu dans le Sud de la France depuis l'Antiquité. Il ne fut pas étudié par Bernadette.

2. Au cours d'un voyage en Chine, Eugène a trouvé matière à ses recherches sur un arbre qui n'a pas été introduit au 16ème siècle.

3. C'est avec l'aide d'un botaniste renommé que l'on a pu rédiger un mémoire sur un arbre introduit en France au 15ème siècle, qui n'est pas le pêcher, connu bien avant.

4. Aline a fait simplement des recherches sur « Wikipedia », pour un arbre connu à une époque plus ancienne que le murier et l'abricotier.

5. Charles a fait des recherches sur l'abricotier, introduit plus tard que le pêcher et le badianier. Pour aucun des trois, on n'a fait des recherches à la Bibliothèque de France.

6. Une femme a fait des recherches à la Bibliothèque de la Faculté des sciences, pour un arbre introduit au 16ème siècle.

7. Le badianier a été ramené en France par Marco Polo au 14ème siècle. Il n'a pas été étudia par Aline.

Etudiant	Arbre	Sources	Date introduction

43 - Eclipses de soleil

Il y a en moyenne deux éclipses de soleil par an, mais elles ne sont visibles que dans certaines régions de la terre. Retrouvez les dates exactes de ces éclipses et l'endroit d'où elles furent visibles.

1. Le mois d'Avril n'a que 30 jours.
2. L'éclipse de 1925 a été observée au Canada, mais pas en août.
3. L'éclipse de 1928 eut lieu un 19.
4. L'éclipse d'avril (qui ne fut pas visible du Pôle Sud) s'est déroulée plus récemment que celle qui eut lieu un 24 mais est plus ancienne que celle qui fut visible aux Etats-Unis.
5. L'éclipse qui eut lieu un 28 fut visible en Océanie.
6. L'éclipse visible du Pôle Sud n'a pas eu lieu un 31.
7. L'éclipse visible en Amérique du Sud eut lieu en mai.
8. L'éclipse d'octobre 1939 ne fut pas visible aux Etats-Unis.

Année	Jour	Mois	Lieu
1925	24	Janvier	Canada
1928	19	Mai	Amérique du Sud
1930	28	Avril	Océanie
1932	31	Août	Etats-Unis
1939	12	Octobre	Pôle Sud

44 - Séjour à Paris en 1732

Monsieur Miraflore, négociant provincial, séjourne à Paris pour ses affaires et y est invité par plusieurs amis pour des sorties. Il ne manque pas d'offrir un cadeau à chacune de ces personnes. Quel jour a-t-il rencontré quelle personne, pour quelle activité, et combien a-t-il payé le cadeau offert ?

1. Miraflore a dépensé 4 Livres de plus pour l'ami avec qui il s'est rendu chez un chapelier renommé que pour celui avec qui il est sorti mercredi.

2. Miraflore n'est pas sorti avec Monsieur des Montiers vendredi, et ne s'est pas rendu au *Concert Spirituel* avec l'Abbé Pépin.

3. Monsieur Corvart a prié Miraflore à une conférence scientifique Mardi. Son cadeau a coûté plus cher que celui pour Monsieur Barbotin, qui a accompagné son ami chez le chapelier.

4. Miraflore est sorti avec Monsieur d'Aubigny jeudi.

5. Le cadeau destiné à l'ami avec qui on est sorti vendredi a coûté 6 Livres.

6. Le cadeau pour l'ami avec qui Miraflore a fait une promenade à cheval a coûté 1 Livre de plus que celui pour l'ami rencontré mardi.

Personne	Sortie	Jour	Prix du cadeau

45 - Les Tankers

Un tanker est un bateau conçu pour transporter des liquides dans des cuves. Ces tankers font généralement partie des monstres des océans. Trouvez pour chaque bateau sa longueur, sa nationalité et l'année de sa construction.

1. Le bateau du Royaume-Uni est plus court que le Miramis qui a été construit en 2008.
2. Le tanker canadien a été construit en 2007 et mesure 130 mètres.
3. L'Adamas 1 n'est pas canadien et n'est pas celui de 186 mètres construit en 2005.
4. Le Ruth Schulte, qui ne fut pas construit en 2009, mesure 127 mètres et n'est pas panaméen.
5. L'Aris porte le pavillon des Bahamas.
6. Le bateau battant pavillon maltais, qui n'est pas le Ruth Schulte, est plus ancien et plus court que le panaméen.

Nom	Nationalité	Année	Longueur

46 - Soir de match

Soir de grand match ! Ces cinq personnes habitant en Normandie sont tous férus de football et ont prévu de commander un repas pour ne perdre aucune miette de la rencontre. Où habite chaque personne, quel type de repas a-t-il (elle) commandé et avec quelle boisson ?

1. La personne de Lisieux n'a pas commandé de café.
2. L'homme qui habite Honfleur n'a pas commandé de plats chinois.
3. Hélène n'a pas commandé de plats indiens et n'a pas bu de jus d'orange.
4. La personne de Caen n'a pas pris de jus d'orange.
5. De Malika et de Nathan, l'un(e) a commandé un repas chinois, l'autre un couscous.
6. Aucune des femmes n'a commandé de la bière ou du café.
7. Bernard a pris du coca.
8. Jean-Paul habite Lisieux.
9. Un homme habitant Evreux a commandé une pizza.

	Caen	Evreux	Honfleur	Le Havre	Lisieux	Chinois	Couscous	Hamburger	Indien	Pizza	Bière	Coca-cola	Jus	Eau gazeuse	Café
Bernard															
Hélène															
Jean-Paul															
Malika															
Nathan															
Bière															
Coca-cola															
Jus d'Orange															
Eau gazeuse															
Café															
Chinois															
Couscous															
Hamburger															
Indien															
Pizza															

Personne	Ville	Repas	Boisson

47 - Toutou Palace

Monsieur et Madame D… tiennent une pension pour chiens très réputée. Cette semaine, cinq personnes leur ont confié leur animal pour quelques jours. Quel chien est arrivé quel jour, quelle est sa race et son âge ?

1. Le cocker, qui a 3 ans, n'est pas arrivé le mardi.
2. Darry a 4 ans.
3. Le chien de 7 ans, qui est arrivé le mercredi, n'est pas un teckel.
4. Klodo est un Yorkshire.
5. Le chihuahua est arrivé le lundi.
6. Casimir n'est pas un caniche.
7. Le chien arrivé le vendredi, qui n'est pas un caniche, est plus âgé que Lewis mais plus jeune que le teckel.

Jour	Nom du chien	Race	Âge

48 - Trésors de la Musique Baroque

A la Bibliothèque Nationale, 5 bibliothécaires viennent d'archiver 5 manuscrits d'œuvres pour clavecin de compositeurs de l'époque baroque. Qui sont les compositeurs de ces œuvres, de quand sont-ils datés et où ont-ils été achetés par la Bibliothèque ?

1. Le manuscrit archivé par Catherine est le plus ancien, il n'est pas celui de Telemann, que n'a pas vu Albert.
2. L'œuvre de Bach est d'avant celle de 1741, qui n'a pas été classée par Eliane.
3. Hélène a archivé le manuscrit de Scarlatti, qui est plus récent que celui que Gilles a reçue de Leipzig.
4. Le manuscrit venu de Prague est plus ancien que la pièce de Haendel, elle-même plus ancienne que celle expédiée de Rome, qui n'est pas la plus récente.
5. Le manuscrit venu de Rome est de Rameau. Il n'a pas été répertorié par Catherine et ne date pas de 1741.
6. Le manuscrit de Scarlatti a 5 ans de moins que celui de Bach et ne vient pas de Saint Petersbourg.

Bibliothécaire	Compositeur	Date	Provenance

49 - Sur le ring

Un club de boxe a organisé pour ses membres une rencontre de 5 matches. Qui a rencontré qui, lors de quel match, et en combien de rounds chacun s'est-il déroulé ?

1. Contre Octave, Carlos a fait 2 rounds de moins que Félix.
2. Le match de Daniel s'est déroulé plus tard que celui de 2 rounds et a compté un round de moins que celui d'Octave.
3. Le 5ème match a duré un round de plus que celui de Karim et deux de plus que celui d'Etienne contre Michel.
4. Karim n'a pas participé au premier ni au deuxième match.
5. Luis a participé au troisième match, qui n'a pas duré 6 rounds.
6. Nathan n'a pas participé au premier match, qui ne s'est pas déroulé en 4 rounds.
7. Le match auquel a participé Félix a précédé celui de Bernard.

Match	Boxeur 1	Boxeur 2	Rounds

50 - Noms de Plume

Cinq femmes écrivant des romans policiers ont choisi de les publier sous un pseudonyme anglo-saxon. Quel est le vrai nom de des auteurs et quels sont leurs pseudonymes respectifs ?

1. Catherine, qui écrit sous le nom de Clark mais pas Nancy, ne s'appelle pas en réalité Mercier.
2. Celle qui se nomme Mercier a pris pour prénom Lorena.
3. Celle qui s'appelle Martin ne se fait pas appeler Kate.
4. Ni Bernadette ni Danièle ne se font appeler Trench. Danièle a choisi le prénom de Peggy.
5. Madame Vidal ne se fait pas appeler Clark et n'est pas Dorothy Lawrence.
6. Madame Dupont se fait appeler Dobson, mais pas Peggy.
7. Andrée n'a pas choisi les pseudonyme de Dobson ni de Trench.

		Nom					Pseudo : prénom					Pseudo : nom				
		Boucher	Dupont	Martin	Mercier	Vidal	Dorothy	Kate	Lorena	Nancy	Peggy	Clark	Dobson	Hastings	Lawrence	Trench
Prénom	Andrée															
	Bernadette															
	Catherine															
	Danièle															
	Elise															
Pseudo : nom	Clark															
	Dobson															
	Hastings															
	Lawrence															
	Trench															
Pseudo : prénom	Dorothy															
	Kate															
	Lorena															
	Nancy															
	Peggy															

Prénom	Nom	Pseudo : prénom	Pseudo : nom

51 - Se prendre un rateau …

« Se prendre un rateau » signifie échouer dans une tentative de drague. Charlie vient d'en faire l'expérience, non pas une fois mais … cinq ! Ce samedi, il a tenté d'inviter cinq jeunes femmes habitant son quartier – le XVème arrondissement de Paris – pour la soirée, mais … raté ! Dans quel ordre a-t-il appelé chacune de ces personnes ? Dans quelle rue habite chacune d'elles, et que lui a-t-elle répondu ?

1. Annie habite Rue Péclet ; Charlie l'a appelée plus tard que Geneviève, mais pas en dernier.
2. Il a appelé Hélène en quatrième.
3. Celle qui habite rue Maublanc objecta qu'elle avait un dossier urgent à traiter ; il l'a appelée plus tard que Charlène.
4. Charlie a appelé rue Mademoiselle avant que l'on ne lui réponde « Quel Charlie ? »
5. Celle de la rue Lecourbe fut appelée en second. Ce n'était pas Geneviève ni celle dont Charlie ignorait qu'elle était mariée.
6. Elise dit « Erreur de numéro ! » et raccrocha aussitôt.

Appel	Prénom	Rue	Réponse
1er	Geneviève	Rue Mademoiselle	« J'ai un autre rendez-vous »
2ème	Charlène	Rue Lecourbe	« Quel Charlie ? »
3ème	Annie	Rue Péclet	« Mon mari ne voudra pas »
4ème	Hélène	Rue Maublanc	« J'ai un dossier urgent »
5ème	Elise	Rue Blomet	« Erreur de numéro ! »

52 - Bac Blanc

Cinq jeunes filles de Terminale consultent les résultats du Bac Blanc en philosophie, Anglais et Mathématiques. Combien a chacune d'elles ?

1. Celle qui a eu 8 en philo n'a pas eu 15 en anglais ni 9 en maths.
2. Celle qui a eu 7 en maths a eu 19 en anglais.
3. Celle qui a eu 12 en philo a eu 17 en maths. Ce n'est pas Agnès, ni celle qui a eu 15 an anglais.
4. Celle qui a eu 11 en philo n'a pas eu 16 en anglais.
5. Brigitte a eu 12 en maths. Ce n'est pas celle qui a eu 14 en philo et 12 en anglais.
6. Carole n'a pas eu 6 en anglais ni 13 en maths.
7. Evelyne a eu 16 en anglais. Elle n'est pas celle qui a eu 12 en philo ni celle qui a eu 13 en maths.

Elève	Philo	Maths	Anglais

53 - Double Mixte

Un club de Tennis organise une compétition en double mixte. Qui joua avec qui, sur quel court et quel fut le résultat de chaque couple ?

1. Bernard n'a pas joué avec Diane et a perdu 3-6 3-6 mais pas sur le court Lenglen où a joué Eric, ni sur les courts Borg.
2. Daniel a joué sur le court Borotra, Evelyne sur le court Navratilova.
3. Charles a joué avec Annie.
4. Bernadette et son partenaire ont brillamment gagné, ne concédant qu'un jeu à leurs adversaires.
5. Le couple jouant sur le court Borg a perdu, ne parvenant à prendre que 3 jeux.
6. Le match qui compta 3 sets se déroula sur le court Borotra.
7. Fabrice a gagné sur un court qui portait le nom d'une célèbre tenniswoman.

Joueur	Joueuse	Résultat	Court

54 - Au menu ...

Cinq amis fêtent leurs retrouvailles au restaurant. Déduisez ce qu'a commandé chacun d'eux : entrée, plat et dessert !

1. Un homme a commencé par un avocat aux crevettes et a pris une tarte aux fraises comme dessert, mais n'a pas commandé de civet de lapin.
2. Evelyne a pris une sole meunière mais pas de potage ni de sorbet au citron.
3. La personne qui a commandé un ris de veau a pris un pithiviers aux amandes. Ce n'est pas Bernard, qui a préféré la crème caramel.
4. Henri a pris une salade mais pas de ris de veau.
5. Ce n'est pas Simone qui a opté pour les charcuteries suivies par un poulet chasseur.

Personne	Entrée	Plat	Dessert

55 - Objets trouvés

Les personnes chargées du ménage à l'hôtel Bonséjour sont consciencieuses. Elles viennent de retrouver des objets perdus par des clients qui, heureux de retrouver leur bien, leur ont donné une gratification. Qui a trouvé quel objet, dans quelle chambre et combien la personne a-t-elle reçu comme gratification ?

1. Eva n'a pas trouvé de collier ni de montre.
2. Carine, qui a fait la chambre 15, a reçu 10 € de plus que celle qui a trouvé une clé USB.
3. Celle qui a fait la chambre 21 a reçu 5 € de plus que celle qui a trouvé un portefeuille mais 5 € de moins que celle qui a fait la chambre 35.
4. Vanessa a trouvé un téléphone portable et a reçu plus que celle qui a trouvé un collier.
5. Ce n'est pas Daisy qui a reçu 10 € de l'occupant de la chambre 18 qui avait perdu sa montre.

Personne	N° de chambre	Somme	Objet

56 - Voitures Mythiques

Un particulier a organisé dans son parc une exposition de voitures anciennes. Quel modèle de quelle marque trouve-t-on, de quelle année et de quelle couleur sont-elles ?

1. La « Type 13 », qui n'est pas rouge et n'est pas une Alfa-Roméo, est de 1910.
2. La voiture de 1920 est blanche, celle de 1911 n'est pas noire.
3. L'Hispano-Suiza est de 1924 et n'est pas bleue ni rouge.
4. La De Dion-Bouton est noire et n'est pas une « type 13 » ni une « 20-30 HP ».
5. La T49 est verte.
6. La Ford modèle T est bleue ou rouge.

Marque	Modèle	Année	Couleur

57 - Tournois au 15ème siècle

Cinq tournois se sont déroulés entre 1432 et 1436 dans diverses villes de France. Déterminez qui fut le vainqueur, qui était son adversaire, en quelle année et dans quelle ville ?

1. Sire Arthus n'a pas gagné en 1433, année où fut battu Sire Philippe, ni à Lagny.
2. Sire Baudoin fut le grand vainqueur du tournoi de Chauvency-le-Château, mais pas en 1436.
3. Sire Louis fut vainqueur l'année d'après le tournoi d'Angers, qui ne fut pas gagné par Sire Charles, et deux ans après le tournoi de Vendôme, qui vit la défaite de Sire Aloys.
4. Le tournoi de 1434 se déroula à Cambrai.
5. Sire Léonard fut battu deux ans après Sire Ulrich.

Vainqueur	Perdant	Ville	Année
Sire Arthus	Sire Aloys	Vendôme	1432
Sire Gilles	Sire Philippe	Angers	1433
Sire Louis	Sire Ulrich	Cambrai	1434
Sire Baudoin	Sire Jehan	Chauvency le Château	1435
Sire Charles	Sire Léonard	Lagny	1436

58 - Collections

Cinq collectionneurs ont décidé de faire estimer leurs trésors. Quel est le prénom et le nom de chaque collectionneur, que collectionnait-il et combien valait sa collection ?

1. La collection de Mr Gadget ne valait pas 500 €, prix de la collection de Bernard, ni 700 €.
2. Mr Lacasse, qui ne se prénomme pas Eugène, a fait estimer sa collection à 400 €. La collection de timbres valait plus cher.
3. Mr Krach collectionne des heurtoirs de portes.
4. La collection de boites de tabac à priser a été estimée à un prix supérieur à la collection de Christian Habil.
5. La collection de cartes postales anciennes d'André est celle qui a été estimée au prix le plus élevé.
6. Eugène ne collectionne pas des journaux.

Prénom	Nom	Collection	Prix

59 - Meurtre au château de Chambord

C'est le titre d'un film policier, dont les cinq héroïnes féminines demeurent dans des villages aux alentours du château. Quels sont leurs noms, leurs professions, où habite chacune d'elle et qui sont les actrices qui les incarnent ?

1. Laura joue le rôle de « Danièle ».
2. « Hélène » n'est pas l'enseignante, qui est jouée par Jacqueline.
3. « Emilie », dont le rôle est joué par Maria ou Nicole, n'est pas la commerçante de Maslives. Nicole ne joue pas la personne de Dhuizon.
4. Le rôle de la personne de Crouy sur Cosson a été confié à Jacqueline ou Kelly.
5. « Florence », l'actrice, n'est pas jouée par Maria.
6. « Gina » habite à Bracieux. Son rôle n'est pas tenu par Kelly, qui interprète l'ingénieure.

Personnage	Interprète	Profession	Village

60 - Le fan-club d'Agatha Christie

Cinq amis habitant Rouen et ses environs aiment les romans d'Agatha Christie et ses personnages. Qui préfère quel roman et quel personnage, et où habite-t-il (elle) ?

1. Carole, qui habite à Mont Saint Aignan, aime particulièrement « Poirot joue le Jeu ».
2. La personne qui préfère Ariadne Oliver aime « Cartes sur Table ».
3. L'homme qui habite Le Petit Quevilly apprécie « Témoin Muet », mais son personnage préféré n'est pas l'inspecteur Japp.
4. Michèle n'habite pas Rouen et ne préfère pas Miss Lemon.
5. Ce sont deux femmes qui préfèrent Miss Lemon et Hercule Poirot.
6. La personne qui préfère Hastings n'habite ni Grand-Couronne ni Mont Saint Aignan.
7. Annie, dont le personnage préféré est l'inspecteur Japp, n'a pas pour roman préféré « Le Crime de l'Orient Express ».
8. « La mystérieuse affaire de Styles » n'est pas le roman préféré de la personne qui habite Rouen – qui n'est pas Francis – ni de celle qui habite Grand-Couronne.

Prénom	Ville	Roman	Personnage

SOLUTIONS

1. Pique-Nique :

Mère	Père	Fille	Denrée
Alice	Julien	Nadine	Boissons
Nicole	Louis	Dany	Sandwiches
Sylvie	André	Carole	Gâteaux

2. Bonnes Affaires :

Nom	Objet	Prix	Lieu
Durand	Radio-réveil	50 €	Le Soldeur
Martin	Tapis	40 €	Toupourien
Vidal	Vase	30 €	C pas cher

3. Foire aux polars :

Acheteur	Auteur	Ville	Prix
André	G.Simenon	Orléans	8 €
Charlotte	D.Hammett	Clichy	5 €
Elisa	Conan Doyle	Fécamp	7 €
Georges	A.Christie	Sens	6 €

4. La famille Bach :

Prénom	Couleur du carton	Nombre de pages	Type de morceau
Catharina Dorothea	Blanc	14 pages	Suite p. orchestre
Wilhelm Friedemann	Bleu	13 pages	Cantate
Karl Philip Emmanuel	Jaune	12 pages	Pièce p. orgue
Elisabetha Juliana	Gris	11 pages	Concerto p.clavecin

5. Les squares de la rue de Seine :

Prénom	Crayon	Sujet	Temps passé
Annie	B	Statue de Voltaire	15'
Bernard	HB	Statue de Carolina	20'
Eugène	2B	Buste de Montesquieu	25'
Odile	H	Fontaine	30'

6. Photographier au musée :

Prénom	Nombre de photos	Musée	Âge
Annie	30 photos	Orsay	30 ans
Carolyn	10 photos	Marmottan	41 ans
Hans	40 photos	Louvre	35 ans
Pedro	20 photos	Rodin	26 ans

7. Tous en retard :

Prénom	Service	Prétexte	Retard
Bernadette	Comptabilité	Le réveil n'a pas sonné	10'
Daniel	Réception	L'autobus a eu du retard	15'
Eva	Informatique	Ma voiture n'a pas démarré	20'
Louis	Ventes	Mon chien s'est sauvé	5'

8. Réclamations !

Cliente	Vêtement	Défaut	Prix
Amandine	Jupe	Fermeture éclair qui ne tient pas	110 €
Evelyne	Pull-Over	Couleur qui a déteint	100 €
Jacqueline	Pantalon	Ourlet décousu	80 €
Martine	Chemisier	Pas la bonne taille	90 €

9. Prenons le bus

Personne	Destination	Evénement	Attente ?
André	Place Gambetta	Mariage	Passé depuis 5 minutes
Charles	Place de la Trinité	Anniversaire	Arrivé tout juste
Marco	Place Saint Sulpice	Enterrement	Attente de 10 minutes
Sven	Place de Clichy	Pendaison de crémaillère	Attente de 20 minutes

10. Enquêtes policières :

Lieu	Surnom	Méfait	Date
Rue des Abbesses	Jojo la Gâchette	Escroquerie	Le 26
Place Balard	Riton le Charmeur	Vol à la tire	Le 10
Boulevard Malesherbes	Mimile le Génois	Cambriolage	Le 1er
Avenue d'Italie	Titin le Marseillais	Trafic de drogue	Le 29

11. La guerre des Gaules :

Ville	Espion	Centurion en renfort	Chef ennemi
Autricum	Smalah	Airbus	Théodulf
Juliomagus	Autoradios	Laïus	Euric
Mediolanum	Ariaric	Cumulus	Astulf
Vindinum	Multirix	Cosinus	Clodoald

12. Les animaux du 17ème arrondissement :

Prénom	Adresse	Animal	Age
Alain	Place Pereire	Chat	11 ans
Douchka	Boulevard des Batignolles	Hamster	9 ans
Fabio	Rue de Saussure	Lapin	10 ans
Geneviève	Avenue de Wagram	Chien	8 ans

13. Collections de disques :

Prénom	Genre	Profession	Nombre
Bernadette	Chanson française	Ingénieur du son	200
Cristina	Opéra	Développeur Web	240
Luis	Jazz	Professeur de mathématiques	220
Ridha	Classique	Chimiste	180

14. Vacances ratées :

Membre de la famille	Date	Blessure	Sport
Madame Padbol	8 août	Côte cassée	Cheval
Catherine	12 août	Epaule démise	Piscine
Hervé	17 août	Jambe	Alpinisme
Monsieur Padbol	30 août	Cheville	Tennis

15. Quatuor félin :

Propriétaire	Chat	Age	Race
Cécile	Pussy	3 ans	Balinais
Christine	Ratafia	4 ans	Siamois
Colette	Darius	1 an	Abyssin
Corinne	Zébulon	2 ans	Chartreux

16. Les équipages de Versailles :

Personnage	Raison	Destination	Date
Louis XIV	Visite dame	Saint Cyr	10 mai
Monsieur frère du Roy	Theâtre	Paris	4 mai
Saint Simon	Diplomate étranger	Marly	8 mai
Prince de Condé	Chasse	Saint Germain	6 mai

17. Le dîner des poètes romantiques :

Auteur 1	Auteur 2	Vin	Auberge
Victor Hugo	Prosper Mérimée	Château-Margaux	Les Frères Provençaux
Alphonse de Lamartine	Alexandre Dumas	Volnay	Le Rocher de Cancale
Alfred de Musset	George Sand	Nuits St Georges	Le Veau qui Tette
Alfred de Vigny	Gérard de Nerval	Clos-Vougeot	Chez Véry

18. L'amateur d'art :

Peintre	Vendeur	Année	Sujet
Delacroix	Ami	1865	Scène mythologique
Meissonier	Marchand	1862	Scène de bataille
Vernet	Peintre	1860	Paysage
Puvis de Chavannes	Salon	1868	Portrait

19. Sacré Charlemagne !

Etudiant	Ouvrage	Date	Lieu
Adelphe	Médecine	789	Soissons
Béranger	Philosophie	795	Reims
Clovis	Evangile	775	Aix-La-Chapelle
Eudes	Herbier	783	Abbeville

20. Arbres généalogiques :

Prénom	Ancêtre	Profession	Date de naissance
Antoine	Dietrich	Maréchal-Ferrand	1599
Brigitte	Conrad	Fermier	1593
Christian	Adrien	Marchand	1587
Danièle	Benoit	Magistrat	1581

21. L'affaire Caïus :

Ecolier	Auteur	Nombre de fautes	Nombre de lignes
Caïus	Thucydide	1 faute	6 lignes
Flavius	Hérodote	2 fautes	4 lignes
Mauritius	Homère	0 fautes	5 lignes
Publius	Xénophon	3 fautes	7 lignes

22. Trajet en Sarthe :

Prénom	Village	Entreprise	Distance
Annie	Souvigné	Mairie	5,4 km
Bernadette	Juigné	Pharmacie	4,5 km
Jane	Courtillers	Banque	5,2 km
Olga	Pincé	Librairie	7,5 km

23. Chiens savants :

Maître	Nom du chien	Action	Race
Annie	Zébulon	Ouvre les portes	Braque
Christian	Rocky	Appuie sur la sonnette	Berger allemand
Karim	Bob	Apporte les pantoufles	Epagneul breton
Manuela	Patou	Traverse au feu rouge	Labrador

24. Sportifs en chambre :

Prénom	Sport apprécié	Activité pratiquée	Âge
Jules	Football	Jeux vidéo	40 ans
Louis	Rugby	Lecture	42 ans
Maurice	Tennis	Pétanque	44 ans
Norbert	Basket-ball	Mots croisés	46 ans

25. Les petits hommes verts … ou bleus ?

Nom	Planète	Distance	Couleur
Voxan	Dardarus	6 AL	Bleu
Wuzi	Bonairus	3 AL	Vert
Xynia	Alelahaut	5 AL	Rouge
Zorg	Chouravi	4 AL	Jaune

26. Lectures pour jeunes filles :

Titre	Donateur (trice)	Date	Occasion
Bigarette	Amie de sa mère	Janvier 1875	Remerciements
Marga	Prix à l'école	Novembre 1874	Bonnes notes
La petite duchesse	Oncle	Décembre 1876	Noël
Le petit chef de famille	Père	Octobre 1875	Anniversaire

27. La cravache d'or :

Cheval	Place	Course	Robe
Flèche d'Or	1er	3ème course	Bai
King of the Seas	2ème	7ème course	Gris
Major de Maupray	3ème	1ère course	Alezan
Tornado	4ème	4ème course	Noir

28. Les prétextes des bridgeurs :

Joueur	Joueuse	Prétexte	Pourcen--tage
André	Evelyne	Pas vu la Dame de Pique	51 %
Bernard	Geneviève	Oublié ses lunettes	53 %
Charles	Françoise	Voisin trop bruyant	42 %
Daniel	Henriette	Erreur du partenaire	48 %

29. Tableau d'affichage :

Date	Annonce	Auteur	Profession
1er	Cherche colocataire	Liliane	Secrétaire
2	Ordinateur à vendre	Bernadette	Infirmière
3	Cherche prof de maths	Danièle	Médecin
4	Garde chiens	Irène	Laborantine
5	Voiture à vendre	Françoise	Aide-soignante

30. Sonates pour piano et violon :

Mois	Ville	Partenaire	Compositeur
Janvier	Paris	Arnold	Schubert
Février	Milan	Bernhard	Brahms
Mars	Vienne	Hilda	Mozart
Avril	Berlin	Marcello	Beethoven
Mai	Londres	Sonia	Schumann

31. L'âge du capitaine … :

Mois	Pilote	Compagnie	Destination
Juin	Michaël	British Airways	Amsterdam
Juillet	Pablo	Ryanair	Rome
Août	Hans	Alitalia	Francfort
Septembre	François	Air France	Lisbonne
Octobre	William	Lufthansa	Dublin

32. Audition d'élèves :

Pianiste	Violoniste	Compositeur	Mouvement
Brigitte	André	Schubert	Andante
Charles	Robert	Bach	Allegretto
Danièle	Catherine	Weber	Allegro
Eugène	Mireille	Beethoven	Adagio
William	Nadine	Mozart	Presto

33. La dictée diabolique :

Place	Ville	Fautes	Prénom
1er	Lille	3 fautes	Charlotte
2ème	Caen	5 fautes	Agnès
3ème	Besançon	4 fautes	Henri
4ème	Paris	2 fautes	Jacques
5ème	Albi	6 fautes	Evelyne

34. Reconversion :

Profession d'origine	Nouvelle profession	Nom	Années de service
Commercial	Jardinier	Nathan	26
Comptable	Editeur	Philippe	24
Employé de banque	Service à la personne	Michel	20
Ingénieur	Informaticien	Olivier	22
Professeur	Professeur	Robert	28

35. Les papes :

Pape	Nom de famille	Prénom	Année d'élection
Benoit XV	Della Chiesa	Giacomo	1914
Clément XI	Albani	Giovanni	1700
Jean XXIII	Roncalli	Angelo	1958
Léon XIII	Pecci	Vincenzo	1878
Pie XI	Ratti	Achille	1922

36. Choix de projets :

Bâtiment	Personne	Société	Raison
Bibliothèque	Danièle	Baticrea	Trop laid
Ecole	Bernard	Formel & fils	Double emploi
Gymnase	André	Nos Murs	Pas aux normes
Piscine	Josette	Archi associés	Trop cher
Théâtre	Karim	Designer's	Trop excentrique

37. Fouilles archéologiques :

Archéologue	Pays	Date	Objet
Christine	Babylone	400 av.J.C.	Clepsydre
Julie	Egypte	1000 av.J.C.	Amphore
Louis	Assyrie	200 av.J.C.	Tablette
Mireille	Crète	800 av.J.C.	Lampe
Terence	Nubie	600 av.J.C.	Roue

38. Les stars du poker :

Personne	Classement	Nombre de fiches	Combinaison gagnante
Aurélie	3ème	10 fiches	Full
Bernard	1er	25 fiches	Carré
Charlotte	2ème	30 fiches	Couleur
Guy	4ème	20 fiches	Brelan
Hélène	5ème	15 fiches	2 Paires

39. Les amours des rats de bibliothèque :

Mari	Femme	Bibliothèque	Année
Hubert	Françoise	Opéra	1970
Julien	Evelyne	Bibliothèque Nationale de France	1973
Louis	Christine	Arsenal	1972
Marcel	Nicole	Forney	1974
Xavier	Geneviève	Ste Geneviève	1971

40. Quel film choisir ?

Chaîne	Titre	Genre	Acteur(trice)
1ère	Le jour d'après	Film policier	Lucie Ferre
2ème	Attendre encore	Film historique	Jean Pile
3ème	Le soir tombe	Comédie	Tony Truand
4ème	L'heure de la vérité	Romance	Marie Goloth
5ème	C'est l'orage	Science-Fiction	Paul Trone

41. Fonctionnaires :

Nom	Ancien ministère	Nouveau ministère	Poste
Bernard	Education Nationale	Travail	Informaticien
Claude	Ecologie et Environnement	Finances	Chef de bureau
Jean-Paul	Justice	Agriculture	Standardiste
Louis	Affaires étrangères	Défense	Attaché d'Administration
Maurice	Logement	Intérieur	Responsable d'entretien

42. Ils viennent de Chine ... :

Etudiant	Arbre	Recherche	Date d'introduction
Aline	Pêcher	Wikipedia	6ème s.
Bernadette	Mûrier	Bibliothèque de la Fac des Sciences	16ème s.
Charles	Abricotier	Botaniste	15ème s.
Delphine	Oranger	Bibliothèque de France	Antiquité
Eugène	Badianier	Voyage en Chine	14ème s.

43. Eclipses de soleil :

Année	Mois	Jour	Lieu
1925	Janvier	24	Canada
1928	Mai	19	Amérique du Sud
1930	Avril	28	Océanie
1932	Août	31	Etats-Unis
1939	Octobre	12	Pôle Sud

44. Séjour à Paris en 1732 :

Personne	Sortie	Jour	Prix du cadeau
Mr d'Aubigny	Promenade à cheval	Jeudi	11 livres
Mr Barbotin	Chapelier	Samedi	7 livres
Mr Corvart	Conférence	Mardi	10 livres
Mr Des Montiers	Concert Spirituel	Mercredi	3 livres
Abbé Pépin	Théâtre	Vendredi	6 livres

45. Les tankers :

Nom	Nationalité	Longueur	Année
Adamas I	Panama	183 m	2009
Algo Nova	Canada	130 m	2007
Aris	Bahmas	186 m	2005
Miramis	Malte	144 m	2008
Ruth Schulte	Royaume-Uni	127 m	2006

46. Soir de match :

Personne	Ville	Repas	Boisson
Bernard	Evreux	Pizza	Coca-cola
Hélène	Caen	Hamburger	Eau gazeuse
Jean-Paul	Lisieux	Indien	Bière
Malika	Le Havre	Chinois	Jus d'Orange
Nathan	Honfleur	Couscous	Café

47. Toutou Palace :

Jour	Nom du chien	Race du chien	Âge du chien
Lundi	Darry	Chihuahua	4 ans
Mardi	Casimir	Teckel	6 ans
Mercredi	Jasper	Caniche	7 ans
Jeudi	Lewis	Cocker	3 ans
Vendredi	Klodo	Yorkshire	5 ans

48. Trésors de la musique baroque :

Bibliothécaire	Compositeur	Provenance	Date
Albert	Rameau	Rome	1744
Catherine	Bach	Prague	1736
Eliane	Telemann	Saint Petersbourg	1747
Gilles	Haendel	Leipzig	1739
Hélène	Scarlatti	Lausanne	1741

49. Sur le ring :

Match	Boxeur 1	Boxeur 2	Rounds
1er	Etienne	Michel	2
2ème	Félix	Nathan	6
3ème	Bernard	Luis	5
4ème	Daniel	Karim	3
5ème	Carlos	Octave	4

50. Noms de plume :

Prénom	Nom	Pseudo : prénom	Pseudo : nom
Andrée	Martin	Dorothy	Lawrence
Bernadette	Dupont	Nancy	Dobson
Catherine	Boucher	Kate	Clark
Danièle	Vidal	Peggy	Hastings
Elise	Mercier	Lorena	Trench

51. Se prendre un râteau … :

Appel	Prénom	Rue	Réponse
1er	Geneviève	Mademoiselle	« J'ai un autre rendez-vous »
2ème	Charlène	Lecourbe	« Quel Charlie ? »
3ème	Annie	Péclet	« Mon mari ne voudra pas »
4ème	Hélène	Maublanc	« J'ai un dossier urgent »
5ème	Elise	Blomet	« Erreur de numéro ! »

52. Bac blanc :

Elève	Philo	Anglais	Maths
Agnès	14	12	13
Brigitte	11	15	12
Carole	8	19	7
Danièle	12	6	17
Evelyne	10	16	9

53. Double mixte :

Joueur	Joueuse	Court	Résultat
Bernard	Carole	Mac Enroe	Perdu 3-6 3-6
Charles	Annie	Borg	Perdu 2-6 1-6
Daniel	Diane	Borotra	Gagné 6-4 4-6 6-4
Eric	Bernadette	Lenglen	Gagné 6-0 6-1
Fabrice	Evelyne	Navratilova	Gagné 6-4 6-3

54. Au menu … :

Personne	Entrée	Plat	Dessert
Bernard	Charcuteries	Poulet chasseur	Crème caramel
Daniel	Avocat aux crevettes	Steack au poivre	Tarte aux fraises
Evelyne	Pâté de poisson	Sole meunière	Vacherin glacé
Henri	Salade	Civet de lapin	Sorbet au citron
Simone	Potage	Ris de veau	Pithiviers aux amandes

55. Objets trouvés :

Personne	N° de chambre	Objet	Somme reçue
Carine	15	Portefeuille	15 €
Daisy	21	Collier	20 €
Eva	43	Clé USB	5 €
Monique	18	Montre	10 €
Vanessa	35	Téléphone	25 €

56. Voitures mythiques :

Marque	Modèle	Couleur	Année
Alfa-Roméo	20-30 HP	Blanc	1920
Bugatti	Type 13	Bleu	1910
De Dion-Bouton	Landaulet	Noir	1908
Ford	Modèle T	Rouge	1911
Hispano-Suiza	T 49	Vert	1924

57. Tournois au 15ème siècle :

Vainqueur	Perdant	Ville	Année
Arthus	Aloys	Vendôme	1432
Baudoin	Jehan	Chauvency-le-Château	1435
Charles	Leonard	Lagny	1436
Gilles	Philippe	Angers	1433
Louis	Ulrich	Cambrai	1434

58. Collections :

Prénom	Nom	Collection	Prix
André	Joyau	Cartes postales	700 €
Bernard	Krach	Heurtoirs de portes	500 €
Christian	Habil	Journaux	300 €
Daniel	Lacasse	Boites de tabac à priser	400 €
Eugène	Gadget	Timbres-poste	600 €

59. Meurtre au château de Chambord :

Personnage	Inter-prète	Profession du personnage	Village du personnage
« Danièle »	Laura	Commerçante	Maslives
« Emilie »	Maria	Pharmacienne	Dhuizon
« Florence »	Nicole	Actrice	Thoury
« Gina »	Jacqueline	Enseignante	Bracieux
« Hélène »	Kelly	Ingénieure	Crouy sur Cosson

60. Le Fan-Club d'Agatha Christie :

Prénom	Ville	Roman préféré	Personnage préféré
Annie	Saint Etienne du Rouvray	La mystérieuse affaire de Styles	Inspecteur James Japp
Bernard	Rouen	Cartes sur Table	Ariadne Oliver
Carole	Mont Saint Aignan	Poirot joue le jeu	Miss Lemon
Francis	Le Petit Quevilly	Témoin muet	Arthur Hastings
Michèle	Grand-Couronne	Le crime de l'Orient-Express	Hercule Poirot

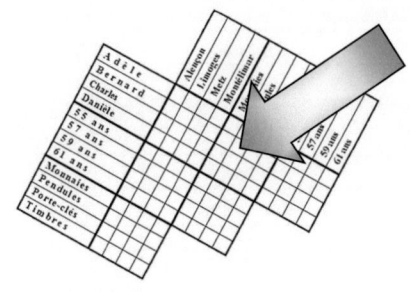

TABLE DES MATIÈRES :

Les Règles du Jeu..3
1 - Pique-Nique 4
2 - Bonnes Affaires 4
3 - Foire aux Polars 5
4 - La famille Bach...6
5 - Les squares de la rue de Seine 7
6 - Photographier au musée 8
7 - Tous en retard !...9
8 - Réclamations ! 10
9 - Prenons le bus 11
10 - Enquêtes policières 12
11 - La guerre des Gaules 13
12 - Les animaux du 17ème arrondissement..14
13 - Collections de disques 15
14 - Vacances ratées...16
15 - Quatuor félin 17
16 - Les équipages de Versailles 18
17 - Le dîner des poètes romantiques...19
18 - L'amateur d'art 20
19 - Sacré Charlemagne !..21
20 – Arbres généalogiques..22
21 - L'Affaire Caïus 23
22 - Trajet en Sarthe..24
23 - Chiens Savants 25
24 - Sportifs en chambre 26
25 - Les petits hommes verts … ou bleus ? 27
26 - Lectures pour jeunes filles … 28
27 - La cravache d'or 29
28 - Les prétextes des bridgeurs ……..30
29 - Tableau d'affichage 31
30 - Sonates pour piano et violon..32
31 - L'âge du capitaine …..33
32 - Audition d'élèves...34

33 - La dictée diabolique 35
34 - Reconversion 36
35 - Les Papes 37
36 - Choix de projets 38
37 - Fouilles archéologiques 39
38 - Les stars du poker 40
39 - Les amours des rats de bibliothèques 41
40 - Quel film choisir ? 42
41 - Fonctionnaires 43
42 - Ils viennent de Chine … 44
43 - Eclipses de soleil 45
44 - Séjour à Paris en 1732 46
45 - Les Tankers 47
46 - Soir de match 48
47 - Toutou Palace 49
48 - Trésors de la Musique Baroque 50
49 - Sur le ring 51
50 - Noms de Plume 52
51 - Se prendre un rateau … 53
52 - Bac Blanc 54
53 - Double Mixte 55
54 - Au menu … 56
55 - Objets trouvés 57
56 - Voitures Mythiques 58
57 - Tournois au 15ème siècle 59
58 - Collections 60
59 - Meurtre au château de Chambord 61
60 - Le fan-club d'Agatha Christie 62
SOLUTIONS 63
TABLES DES MATIÈRES : 69